BEI GRIN MACHT SICH IHR WISSEN BEZAHLT

Celalettin Kartal

Der militante Islamismus und seine sakralpolitischen Grundlagen

Vorbilder und Jihad

GRIN Verlag

Bibliografische Information der Deutschen Nationalbibliothek:

Die Deutsche Bibliothek verzeichnet diese Publikation in der Deutschen National-
bibliografie; detaillierte bibliografische Daten sind im Internet über http://dnb.d-
nb.de/ abrufbar.

Impressum:

Copyright © 2014 GRIN Verlag GmbH
Druck und Bindung: Books on Demand GmbH, Norderstedt Germany
ISBN: 978-3-656-76201-0

Dieses Buch bei GRIN:

http://www.grin.com/de/e-book/282068/der-militante-islamismus-und-seine-
sakralpolitischen-grundlagen

GRIN - Your knowledge has value

Der GRIN Verlag publiziert seit 1998 wissenschaftliche Arbeiten von Studenten, Hochschullehrern und anderen Akademikern als eBook und gedrucktes Buch. Die Verlagswebsite www.grin.com ist die ideale Plattform zur Veröffentlichung von Hausarbeiten, Abschlussarbeiten, wissenschaftlichen Aufsätzen, Dissertationen und Fachbüchern.

Besuchen Sie uns im Internet:

http://www.grin.com/

http://www.facebook.com/grincom

http://www.twitter.com/grin_com

Dr. jur. Celalettin Kartal

Expert on Sharia and Minority Issues

Der militante Islamismus und seine sakralpolitischen Grundlagen

Vorbilder und Jihad

Verfasst: 9/2014

- **Expertisen in Lehre und Forschung:**

   Minderheiten- und Völkerrecht; Islam und Menschenrechte;
   Islam und Integration in Deutschland; Ethik im Islam;
   Fundamentalismus in den monotheistischen Religionen;
   universelle Menschenrechte und Religionen;
   Verfassungen arabo-islamischer Staaten;
   Yezidentum und Yeziden in Deutschland;
   Scharia und Menschenrechte; Migration.

- **Beiträge; Seminare; Vorträge:**

   wie oben.

Dr. Celalettin Kartal: Der militante Islamismus und seine sakralpol. Grundlagen

0

Inhalt

I.   Untersuchungsgegenstand

Militante Islamisten („Jihadisten") berufen sich bei ihren Verbrechen auf den Islam, d.h. vor allem auf den Koran, seinen Propheten Mohammed sowie seine Historie. Hingegen erklären Vertreter muslimischer Organisationen, dass die Verbrechen der militanten Islamisten mit dem Islam und den Koran nichts zu tun haben. Vielmehr würden die militanten Islamisten eine friedliche Religion pervertieren und seien nur dem Namen nach islamisch. Wer darf nun im Namen des Islam sprechen? Meine Expertise soll beiden Sichtweisen widersprechen und zu einer differenzierten Beurteilung kommen.

Dazu sollen in dieser Abhandlung drei zentrale Aspekte des militanten Islamismus untersucht werden; anschließend (vgl. VII) soll der Frage nachgegangen werden, ob eine historische Lesart und Auslegung der islamischen Quellen angesichts der Instrumentalisierung des Islam geboten erscheint: Erstens ist der *Jihad* (Anstrengung oder Kampf) gegen die „Ungläubigen" oder Nicht-Muslime in der Anfangszeit des Islam so betrieben worden, wie die militanten Islamisten es in der Gegenwart praktizieren. Zweitens steht die von ihnen propagierte Formel „Islam ist Staat und Religion" im Koran bzw. lässt sie sich aus dem Koran[1] oder der *Sunna* (wörtlich: Brauch) des Propheten wenigstens *mittelbar* ableiten? Wie sah der „islamische Staat" zur Zeit des Propheten (570-632 n. Chr.) bzw. der „vier rechtgeleiteten Kalifen" aus (632-661 n. Chr.)? Drittens und letztens, wie weit können sich die militanten Islamisten der Gegenwart bei ihren Zielen um die Errichtung einer „islamischen Weltordnung" auf das sakrale Recht des Islam aus dem Koran und der „Sunna des Propheten" (Sprüche und Handlungen) berufen? Alle anderen Gründe, die gleichfalls für die Entstehung des militanten Islamismus ursächlich sind, werden ihres Umfangs wegen ausgeklammert.

A.   Vorüberlegungen

Die militanten Islamisten stützen sich von ihrer Ideologie her auf zentrale Verse des Koran und die „Überlieferungen des Propheten Mohammed," genannt *Sunna*[2]. Der Islamismus ist eine genuin politische Ideologie. Es lassen sich vor allem zwei „Gegner der Völkerrechtsordnung" unter Islamisten feststellen, die sich von dieser Ideologie leiten lassen: Islamisten, die ihre Ziele innerhalb der Völkerrechtsordnung (legalistische Islamisten), und

---

[1] Alle Zitate aus dem Koran stammen aus der Übersetzung von Max Henning, Philipp Reclam jun. Stuttgart, durchgesehene und verbesserte Ausgabe 1991.

[2] Mit der *Sunna* (Brauch) sind die vielen Sprüche und Berichte gemeint, die vom Propheten stammen oder ihm unterstellt werden.

solche, die ihre Endziele durch Berufung auf den *Jihad* (militante Islamisten/Jihadisten) verfolgen. Doch insgesamt gibt es mindestens vier Ausrichtungen bzw. Bewegungen im Islamismus[3]. In diesem Artikel untersucht jedoch der Verfasser nur den *sunnitisch* geprägten „militanten Islamismus" (Jihadismus), ohne auf andere Formen des Islamismus näher einzugehen. In diesem Zusammenhang dient der legalistische Islamismus nur zur begrifflichen Klärung, wird aber wegen des Umfangs ebenso nicht weiter untersucht. Im Übrigen wird eine Unterscheidung vor allem wegen der verschiedenen Formen der Islamismen nur insoweit vorgenommen, als es erforderlich bzw. geboten erscheint.

B. Ziele des Islamismus

Islamisten artikulieren sich sowohl politisch als auch religiös:[4] Dies lässt sich direkt an ihrem Vokabular erkennen.[5] Sie werfen dem „Westen" vor, ein „aggressiver Usurpator" zu sein, der einen „Vernichtungskrieg gegen den Islam" führe. Ganz offen treten sie dafür ein, möglichst Politik und Gesellschaft auf den Islam zu gründen. Als Ideologie strebt der Islamismus die politische Umsetzung der „von Gott befohlenen Werte und Normen und deren ewig-gültige Konservierung" (15, 9) an. Diese Werte und Normen[6] werden aber – wie noch zu zeigen sein wird – von den militanten Islamisten ahistorisch ausgelegt. Folglich betrachten sie, konkludent (Legalisten) oder explizit (Militanten), die Völkerrechtsordnung als nichtig und streben danach, die als unislamisch eingestufte „westliche Hegemonie" durch die Gründung eines „genuin islamischen Staats" zu beseitigen. Allerdings haben militante Organisationen oder selbst ernannte Staaten wie IS (Islamischer Staat) zwar politisch-ideologisch Gemeinsamkeiten, bilden jedoch keine Einheit oder Front: Sie alle verfolgen ein Ziel: die Einführung der islamischen Rechtsordnung *Scharia* und die allmähliche Aufhebung der von westlichen Vorstellungen dominierten Völkerrechtsordnung.

---

[3] 1. Der Mainstream-Islamismus, der eine graduelle Islamisierung von Staat und Gesellschaft verfolgt (Türkei); 2. Die Ultra-Orthodoxie, der es vor allem um die strikte Einhaltung konservativ verstandener Normen geht (Saudi-Arabien); 3. der „Jihadismus," der den militärischen Kampf zur Pflicht macht und ihn ins Zentrum der Theologie rückt (IS); und 4. der schiitische Islamismus, der eine ganz eigene Form von „islamischer Republik" hervorgebracht hat (Iran).

[4] "Islam is religion and State, Koran and sword, worship and command, fatherland and citizenship. God is our destination, the Prophet our model, the Koran our law, combat (jihad) our pathway, martyrdom our promise," vgl. Brigitte Maréchal: The Muslim Brothers in Europe, Roots and Discourse, Boston 2008, S. 185.

[5] Siehe Karen J. Greenberg (edit.), Al Qaeda Now – Understanding Today's Terrorists, New York 2005, S. 207-216.

[6] Siehe dazu 4, 59; 3, 110; 42, 38; 2, 228; 4, 11, 34; 5, 38; 24, 2; 9, 5; 9, 29; 3, 110; 4, 3, 129; 3, 19; 2, 256 usw.

C.   Entstehung des Islamismus

Während der Islam als Religion aus dem beginnenden 7. Jahrhundert n. Chr. stammt, stammen die Vertreter des Islamismus aus dem frühen 20. Jahrhundert. Der Islam als Glaube und der Islamismus als Ideologie leiten sich aus denselben Quellen ab. Doch der militante Islamismus konzentriert sich – wie noch unter VI bis VIII zu zeigen sein wird – vor allem auf „kriegerische Verse" des Koran.[7] Von seinen Grundlagen her umfasst er Bewegungen, Denkrichtungen und Ideologien[8] und beansprucht, einen all-islamischen Staat bzw. Kalifat zu gründen. Entstanden ist er wie alle anderen islamistischen Formen aus der Rückbesinnung auf die „ideal verstandene Frühzeit des Islam" (622 – 661 n. Chr.) sowie aus der geistigen Auseinandersetzung der politisierten Muslime mit der „westlichen Moderne." Anders als der fundamentalistisch ausgerichtete christliche Gegenpart reklamiert er die alleinige politische Macht.

Historisch erfährt der Islamismus mit der Niederlage[9] im arabisch-israelischen Krieg (1967) *de facto* einen Wendepunkt; was aber eine Revitalisierung bewirkt. In der „arabischen Welt" war damals eine politische Legitimitätskrise entstanden, die mit einem Niedergang des Panarabismus einherging und den militanten Islamismus der Gegenwart ermöglichte. In der Folgezeit entstanden neue islamistische Bewegungen und Gruppierungen,[10] die seitdem ungebrochen die geistige Hauptströmung in der „arabischen Welt" darstellen.[11] Doch geschichtlich tritt der militante Islamismus erst mit dem Einmarsch der ehemaligen sowjetischen Armee in Afghanistan (1979-1989) in Erscheinung.

Essentiell sind für militante wie auch legalistische Islamisten Authentizität, die Frage der Staatsform des Islam und seiner „sakralen Gesetzgebung." Was genau Authentizität im Sinne

---

[7] Vgl. z. B. 4, 59; 3, 110; 42, 38; 2, 228; 4, 11, 34; 5, 38; 24, 2; 9, 5; 9, 29; 4, 3, 129; 3, 19; 2, 256 oder 2, 190, 244; 4,74, 76; 9, 41, 111; 2, 191-193, 216-217; 8,39; 9, 41, 111, 123.

[8] Siehe dazu http://www.verfassungsschutz.de/download/SHOW/thema_0803_Islamismus.pdf.

[9] Islamisten machen für die Niederlage der arabischen Staaten „den Westen" verantwortlich. Eigene Eliten werden beschuldigt, „Marionetten" des Westens und Israels zu sein. Als „Hauptfeind" der islamischen Welt gelten die USA (der „Große Satan") und ihre Verbündeten, Michael Bonner: Jihad in Islamic History – Doctrines and Practice, New Jersey 2006, S. 163.

[10]   Siehe   dazu
      http://www.verfassungsschutz.brandenburg.de/sixcms/media.php/4055/Islamistische%20Extremisten%20
      %2030_09_09%20web.pdf

[11] Die Geburt des Islamismus war der politische Ausdruck dieser Identitätskrise, so Bassam Tibi, Kreuzzug und Djihad, München 1999, S. 244, 246.

der Echtheit ist, bestimmen Islamisten selbst. Daher soll die Welt von dem „Unglauben" und der „Tyrannei" für immer befreit werden. Eine islamische Herrschaft soll die Welt ewig „beglücken" bzw. regieren. Im „islamischen Gottesstaat" sollen nur der Koran als „das Buch der Bücher" und die Überlieferungen des Propheten (Sunna) das Leben bestimmen: Eine Ordnung, in der Abtreibung, Prostitution, Homosexualität, Unzucht und Ehebruch nicht existieren dürfen. Wer sind die „Vordenker" des Islamismus und welche Ideologie liegt ihrer politisch-theologischen Ordnung zugrunde? Wie stellen sich die Islamisten diese Weltordnung vor?

D. Die Vorbilder des Islamismus

Alle Islamisten behaupten, dass mit einer „islamistischen Ordnung" Gottes Wille auf Erden umgesetzt werde. Diese Ordnung würde alle Ungerechtigkeiten beheben und die Menschen auf ewig beglücken. Die *Scharia* als islamische Rechtsordnung müsse überall verwirklicht werden. Unter der *Scharia* verstehen sie die von Gott vorgegebenen Gesetze, die alle Lebensbereiche sowie die Beziehung des Menschen zu seinem Schöpfer *abschließend* und *für immer* regelt.[12] Diese können weder geändert noch für obsolet erklärt werden. Nur diese Quellen entsprächen der menschlichen Natur. Folglich werde der Islam seinen Siegeszug fortsetzen und die von allen Menschen herbeigesehnte, zivilisierte Gesellschaft schaffen, in der Herrschaft nicht mehr von der Willkür der Gottesgeschöpfe abhänge, sondern allein von Gott, dem Unfehlbaren, ausgehe.

Maududi (1903-1979), Sayyid Qutb (1906–1966) und *Hassan al-Banna (1906-1949)*[13] gelten als die wichtigsten Vordenker dieser theokratisch-islamistischen Ordnung. Die ersten beiden fassen den Islam als eine „ideale Weltordnung" auf. Danach könne nur „der reine Islam" den Staat vor seinen chronischen Defiziten retten. Nur er mache das gotteswidrige Mehrparteiensystem des „imperialen Westens" ganz überflüssig. Der Koran und die *Sunna* des Propheten enthielten die perfekte Wahrheit. Der dritte Vordenker *Hassan al-Banna* ergänzt: "Der Koran ist unsere Verfassung, und der Prophet ist unser Führer" *(al-Banna)*. Es liege „in der Natur des Islam, zu herrschen und nicht, beherrscht zu werden, seine Gesetze allen Nationen aufzuzwingen, seine Macht über den gesamten Planeten auszuweiten."

---

[12] Die Quellen der Scharia sind Koran, Sunna, Konsens der Rechtsgelehrten (idschma), Analogieschluss (qiyas), vgl. Alexandra Petersohn, Islamisches Menschenrechtsverständnis unter Berücksichtigung der Vorbehalte muslimischer Staaten zu den UN-Menschenrechtsverträgen, Bonn 1999, S. 12.

[13] Zu Al-Banna und anderen islamistischen Vordenkern, siehe Brigitte Maréchal, aaO., S. 89-133.

Diese genannten Vordenker, Islamisten wie auch militante Islamisten, die meisten Gläubigen eingeschlossen, betrachten den Propheten Mohammed als das Vorbild per se.[14] Doch die militanten Islamisten idealisieren insbesondere *die früh-islamische Herrschaftszeit* unter den „vier recht geleiten Kalifen." Angestrebt wird ein Idealzustand als politisches Gemeinwesen, das die Islamisten in der Frühzeit des Islam bereits als verwirklicht betrachten – jene Zeit also, in der nach offizieller Lesart des Islam Gott durch seine Offenbarungen an Mohammed sein ewiggültiges Gesetz den Menschen gesandt habe. Diese Zeit gilt den Islamisten als das „Goldene Zeitalter" des Islam. Gemeint ist die Gründungsphase des Islam, in der der islamische Prophet die neue Botschaft verkündete, später den „blutigen Kampf gegen die Ungläubigen" führte, sowie die Phase der „vier rechtgeleiteten (ersten) Kalifen."

Tatsächlich gelten im sunnitischen Islam (Mainstream-Islam) der Prophet und die „vier rechtgeleiteten Kalifen" als die wichtigsten Figuren der Gründungsphase des Islam.[15] Es ist der Prophet, der nach dem offiziellen Islam zu Lebzeiten mehrere Funktionen[16] wahrnimmt. So gilt er als Begründer des „Stadtstaats Medina" und der neuen islamischen Gemeinschaft der Gläubigen, der *umma*. Als „Gesandter Gottes" empfängt und predigt er den Koran. Gleichzeitig stellt er sich jahrzehntelang den theologisch-juristischen Fragen der neuen Gemeinschaft. Als Feldherr unbesiegbar, verkörpert er die Rolle des (Höchst-)Richters, des Stammesführers, des Vorbeters und des „Gesandten Gottes". Als politisch-religiöser Führer in einer Person verlangte er von den Gläubigen strikten Gehorsam (4,59). Unterstellt man die Richtigkeit dieser islamischen Lesart, so ist es zunächst nachvollziehbar, warum sowohl die Islamisten als auch die einfachen Gläubigen Mohammed als das perfekte Vorbild der islamischen Gemeinschaft betrachten.

Allerdings steht diese Sichtweise im fundamentalen Widerspruch zu der politisch-theologischen Ansicht des Propheten selbst, wonach er sich als „einfachen Menschen" verstand. Es ist Mohammed selbst, der erklärt, ein „normaler Mensch" zu sein (41, 6). Und

---

[14] "In Islam, Mohammed is considered *al-insan al-kamil* (the "ideal man"). Details about the Prophet - how he lived, what he did, his non-Quranic utterances, his personal habits - are indispensable knowledge for any faithful Muslim," siehe http://www.jihadwatch.org/islam101/

[15] Nur die Schiiten, eine Minderheit unter Muslimen, vertreten eine abweichende Meinung, wonach zwar der Prophet als das Vorbild schlechthin gilt, aber nicht alle „vier rechtgeleiteten Kalifen", sondern nur Ali, der Schwiegersohn und Neffe des Propheten.

[16] Siehe dazu www.mizgin.net/modules.php?name=News&file=article&sid=214.

der Koran hebt dies immer wieder hervor, wenn Mohammed Fehler machte.[17] Tatsächlich ist Mohammeds Vorbildfunktion erst Generationen später nach seinem Tod von islamischen Schriftgelehrten aus theologisch-politischen Gründen geschaffen worden. Ermöglicht wurde dies durch die Lücke, die Mohammed durch seinen unerwarteten Tod[18] hinterließ, und durch den Eifer der späteren Rechtsgelehrten *(ulema)*, die Sprüche und Handlungen des Propheten *(Sunna)* zu institutionalisieren. Damit wurde der Koran aus seinem historischen Kontext gelöst. Er wurde nun zur einzig wahren, überzeitlich gültigen Offenbarung erklärt. Mythos und Legendenbildung bilden seitdem die Biographie des Propheten und der „vier rechtgeleiteten Kalifen" mit Folgen für die Muslime und die Welt.

Wie aber verlief das Leben des Propheten Mohammed (570-632) und das der vier ersten Kalifen? Haben sich die Kalifen um den Aufbau des Staats gekümmert und sich somit nur dem „Willen Gottes" gewidmet oder waren diese einfach „unrechtmäßige Tyrannen"? Nicht nur die Zehntausende von *hadith*-Sprüchen des Propheten, sondern die vielen Geschichten über das Leben des Propheten sind erst nachträglich erfunden und ihm unterstellt worden. In Wirklichkeit bestimmten Feldzüge und Siege das Leben des Propheten. Siege über die sog. Ungläubigen, reale wie erfundene, wurden in der islamischen, meist unkritischen Fachliteratur glorifiziert. Ähnliches gilt auch für das Leben der „vier rechtgeleiteten Kalifen", die als Verbündete und Zeitzeugen des Propheten gelten. So stellt beispielsweise die von den islamistischen Vordenkern idealisierte Zeit nur eine sehr kurze Periode dar (622-661 n. Chr.); eine Phase von weniger als 40 Jahren, eine Zeit, die von Unruhen, Intrigen, Bürgerkriegen, Aufständen und Spaltungen der neuen islamischen Gemeinde geprägt war. In Wirklichkeit haben die Kalifen sich vornehmlich mit Kriegen beschäftigt.[19] Und es sind die Kalifen, die aus Angst jeden Oppositionellen des Komplottes verdächtigten, um dann sein Schicksal zu besiegeln.[20] Aber auch von diesen vier Kalifen der ersten Zeit wurden drei ermordet. Gehorsam gegenüber den Kalifen, den Nachfolgern des Propheten, war nur solange Pflicht, wie sie selbst nicht unmittelbar Handlungen befahlen, die zur *Scharia* im Widerspruch

---

[17] Vgl. dazu Nasr Hamid Abu Zaid / Hilal Sezgin, Mohammed und die Zeichen Gottes – Der Koran und die Zukunft des Islam, Freiburg 2008, S. 54.

[18] Found Khalil, aaO., S. 19.

[19] Wöhler-Khalfallah, Islamischer Fundamentalismus – Von der Urgemeinde bis zur Deutschen Islamkonferenz, Berlin 2009, S. 63.

[20] „Die ersten vier Kalifen hatten ständig Angst vor Revolte und Ermordung und verdächtigten jeden Oppositionellen des Komplotts, um ihn in der Folgezeit blindlings zu lynchen," vgl. Bassam Tibi, Fundamentalismus im Islam, S. 76.

standen. So sah sich bereits der erste Kalif *Abu Bakr* (reg. 632-634 n. Chr.) vor große Aufgaben gestellt. Viele der früheren Stämme, die zu Mohammeds Lebzeiten zum Islam übergetreten waren, sagten sich später vom Islam los und weigerten sich, die Steuern zu zahlen. Daraufhin ließ *Abu Bakr* Truppen aufstellen und gegen die Stämme kriegerisch vorgehen.[21] Auch sein Nachfolger *Umar* (reg. 634-644) wurde ermordet. Der dritte Kalif *Osman* (reg. 644-656) fiel im Jahr 656 n. Chr. einem innerislamischen Konflikt zum Opfer.[22] Seine Ermordung löste den ersten „innerislamischen Krieg" aus. *Ali,* der vierte Kalif, wurde von seinem Rivalen *Muawiya* nicht anerkannt und ermordet (661). Seitdem betrachten die Schiiten, eine Minderheit unter den Muslimen, die drei ersten Kalifen als „unrechtmäßige" Herrscher. Unmittelbar danach kam es dann zum Bürgerkrieg, der zur Spaltung der jungen islamischen Gemeinschaft führte. In der Folgezeit verlor das neue islamische Reich der *Umayaden*[23] weiterhin an politischer Macht und an Einfluss, es schrumpfte nun zu einem relativ unbedeutenden Königreich. Doch die *de jure* alle Muslimen umfassende, bis in der Gegenwart von den militanten Islamisten idealisierte islamische Gemeinschaft, die *umma,* existierte nicht mehr.[24] Es sind also die in der Moderne von Islamisten glorifizierten Kalifate des dritten und vierten Kalifen, die eine Welle von Verschwörungen und Intrigen auslösten. Der anschließend ausbrechende Machtkampf innerhalb des Islam um Positionen, Ämter, Geldverteilung und blanke Eitelkeiten, mündete in Verleumdungen, innermuslimische Kriege und Abspaltungen aus der großen Gemeinschaft, der *umma.*[25]

Welche Züge weist aber der idealisierte islamische Staat nach den Koran-Versen auf? Reichen die Verse für den Aufbau eines islamischen Staates oder sind diese fundamental

---

[21] He... approached the problem of apostasy by launching military campaigns against the groups who had reverted to their former faith, siehe Richard Bonney, aaO., S. 60.

[22] Seine Regierung wurde von Konflikten geprägt. Die Absetzung der Heerführer als Statthalter, die Verteilung der Kriegsbeute und die Einsetzung von Angehörigen seiner eigenen Sippe, der *Umayaden,* in den Provinzen, führte zu Spannungen. Als die Spannungen zwischen der Opposition in den Provinzen und *Uthman* eskalierten, meuterten Soldaten in mehreren Provinzen. *Uthman* wurde Opfer eines Attentates am 17. Juni 656, vgl. http://de.wikipedia.org/wiki/Uthman_ibn_Affan.

[23] Die *Omayyaden* sind eine Dynastie von Kalifen, die von 661 bis 750 die Oberhäupter des sunnitischen Islam stellten.

[24] Die Gemeinschaft aller Muslime wird als *umma,* wörtlich "Volk, Gemeinschaft" bezeichnet. Ursprünglich war die *umma* eine relativ kleine muslimische Gemeinschaft, nämlich die islamische Gemeinschaft von Medina.

[25] Wöhler-Khalfallah, aaO., S. 280.

Dr. Celalettin Kartal: Der militante Islamismus und seine sakralpol. Grundlagen

8

lückenhaft und somit im Wesentlichen auslegungsbedürftig, so dass diese den Anforderungen der Moderne nicht oder nicht mehr genügen?

E.   Der islamische Staat nach dem Koran

In Wirklichkeit ist "der" islamische Staat im Koran nicht genau bestimmt. Die wenigen Vorschriften, die für den Aufbau eines Staates herangezogen werden können, beschränken sich auf die Befehlsgewalt innerhalb der islamischen Gemeinschaft (4, 59), die „Empfehlung" der innerislamischen Beratung (42,38), die Tributpflicht der ungleichberechtigten Schriftbesitzer gegenüber der islamischen Gemeinschaft (9,29), die Einteilung der Menschen in „Schriftbesitzer" (*ahl al-kitab*) und „Ungläubige" (*kafirun*), die „Glaubensfreiheit" (2,256) sowie *Jihad* mit dem Ziel der Bekehrung oder Unterwerfung aller Nichtmuslime unter die Herrschaft der islamischen Gemeinschaft.

So ist die „Beratung" (*shura*) im Islam als zentrales Prinzip vorgeschrieben (42,38), doch die Formulierung „ihre Angelegenheiten in Beratung untereinander" erledigen ist auslegungsbedürftig. Zwar lässt sich aus der Sure 42 Vers 38 schließen, dass der Chef der Exekutive und seine Mitglieder gewählt werden sollen.[26] Aber wie alles andere geschehen soll, ist unklar und bedarf der weiteren Auslegung. Dies gilt gleichfalls für die Frage der Befehlsgewalt (4, 59) innerhalb der islamischen Regierung. Danach muss zuerst Allah gegenüber Gehorsam geleistet werden, dann dem Propheten, dann erst der Autorität, was auf eine Theokratie hinweist. Welche Art Autorität aber gemeint ist, ist wiederum ein Problem der Auslegung. Gleiches gilt für die Tributpflicht (9,29), wonach die Muslime die „Leute der Schrift" (Juden, Christen, Zoroastrier) zu bekämpfen haben. Auch hier muss die Formulierung „und nicht verwehren, was Allah und Sein Gesandter verwehrt haben" umfassend ausgelegt und ihr Inhalt aus den weiteren im Koran niedergelegten Suren und Versen erst erschlossen werden. Schließlich gilt dies auch für den Grundsatz der Unterscheidung zwischen dem „Rechten" und dem „Unrechten" (vgl. 3,110). Diese Vorschrift lässt jedoch nur eine beschränkte Gesetzgebungszuständigkeit durch Muslime zu. Gleiches gilt für die „Glaubensfreiheit" (2,256), die trotz des klaren Wortlauts („es gibt keinen Zwang im Glauben") in der bisherigen Praxis keinen einklagbaren Schutzbereich aufweist. Außerdem wird diese Vorschrift sowohl von der herrschenden Mehrheit im Islam (Mainstream-Islam) als auch von den Islamisten der Gegenwart vollends ignoriert.

---

[26] Nach der klassischen islamischen Theorie muss die *Umma* ein Oberhaupt haben, eine Art Weltpräsidenten, den man als Kalif oder Imam bezeichnet.

Kurzum, jeder moderne Staat, der sich auf diese wenigen Verse stützt oder stützen wollte, müsste diese nolens volens entweder annullieren oder sie präzisieren, weiterentwickeln, ausweiten, wenn er nicht in einen permanenten Ausbreitungs- und Expansionskrieg mit dem Rest der Welt geraten soll. Folglich genügen diese „Vorschriften" den Anforderungen eines modernen Staates nicht. Auch die strafrechtlichen Vorschriften des Koran sind, gemessen an Modernität und Komplexität der Gegenwart, als äußerst lückenhaft zu bezeichnen.[27] Die weiteren Bereiche der Exekutive, der Judikative und der Verwaltung sind gleichfalls fundamental lückenhaft und undifferenziert. Selbst der am weitesten entwickelte familienrechtliche Teil der Vorschriften des Koran[28] ist ebenfalls lückenhaft. Weitere ursprüngliche Notizen über den Koran worden aus politischen Gründen von *Uthman*[29], dem dritten Kalifen, vernichtet oder sind verloren gegangen.

Die Islamisten berufen sich jedoch nicht nur auf den Koran, sondern auch auf ein sehr wichtiges Dokument, nämlich *Sahifat al-Madinah*. Mit *Sahifat al-Madinah* ist jene religiöse und politische Gemeinschaft (*umma*) gemeint, die Mohammed im 7. Jahrhundert nach dem Auszug aus Mekka („Hidschra", 622 n. Chr.) in Yatrib/Medina begründet hat. Tatsächlich war das „Modell Medina" geprägt von der Einheit von „Gemeinde" und Religion. Es war der Prophet Mohammed, der mit diesem Vertrag das religiöse und politische Leben in Medina neu regelte. Er begründete damit die neue islamische Gemeinde, die *umma*.[30] Dieser Vertrag – vorbildlich für die damalige Zeit – gewährte Muslimen und Juden gleiche Mitbürgerrechte.[31] Danach wurden beide zu konstituierenden Teilen der neuen Gemeinde erklärt. Später wurden die Juden doch der Tributpflicht unterworfen (9,29).[32] Bezeichnenderweise ist in dem *Sahifat*

---

[27] Im Koran existieren nur wenige Strafrechtsdelikte, siehe unter 5, 33 (Befehdung/Verderbung); 38 (Diebstahl); 4,15 (weibliche Hurerei); 4,30 (Ehebruch); 5, 90-91 („Alkoholverbot"); 4, 16 (Homosexualität).

[28] Siehe im Koran unter 24, 26; 2, 234 (siehe also 65, 4); 33, 59; 2, 236; 33, 28; 4, 128; 2, 233; 65, 6-7; 24, 6-9, 2, 229; 65, 2; 65, 1; 2, 221; 4, 1-7; 4, 22-28; 24, 33; 2, 232.

[29] Mit der offiziellen Koran-Fassung ordnete Uthman an, alle privaten Koran-Aufzeichnungen vollständig zu verbrennen, vgl. dazu Murad Hoffman, Koran, München 2002, S. 27.

[30] Die Islamisten beleben diesen Begriff, um eine klare Grenze zwischen der islamischen Weltgemeinschaft als der Gruppe der Gläubigen und den Ungläubigen zu ziehen.

[31] „Die Muslime haben ihre Religion ebenso wie die Juden. Die Juden tragen ihre Kosten und ebenso die Muslime die ihren. Sie helfen einander gegen jeden, der diese Urkunde missachtet. Zwischen ihnen herrscht echte Freundschaft und Treue ohne Verrat," vgl. Monika Tworuschka, Mohammed – Die Geschichte des Propheten, Düsseldorf 2000, S. 90.

[32] Inhaltlich und historisch ist 9, 29 auf die Auseinandersetzung mit den Juden in Medina zurückzuführen. Die Tributpflicht der Juden verstieß gegen den Vertrag von Medina.

al-Madinah der Islam als Staatsreligion nicht erwähnt.[33] Gleichwohl wird angenommen, dass der Prophet wollte,[34] dass die Muslime die Welt beherrschen und sie islamisieren. So ist es der im Koran erwähnte Kampf (*qital*), der vom Sinn und Zweck her die Unterwerfung aller Nichtmuslime sowie die Schaffung eines „islamischen Gottesreichs" sicherstellen soll. Es erscheint aus ideologisch-islamistischer Sicht folgerichtig, den kleinen „Stadtstaat" Medina als einen ersten Baustein für den „islamischen Staat" zu sehen und den Koran, in dem die religiösen Fundamente, die ethischen und sozialen Prinzipien sowie die Gesetze Gottes niedergelegt sind, als Grundlage für den Kampf gegen die „Ungläubigen" um die Etablierung eines „perfekten Gottesstaates" anzustreben.

Welche Institutionen, Gewaltenteilungen und Staatsformmerkmale weist aber der „islamische Staat" auf und warum muss er gegründet werden? Ist das Konzept eines „Gottesstaates" nicht hoffnungslos veraltet und daher illusorisch?

F.   Die Institutionen des islamischen Staats

Legalistischen wie auch militanten Islamisten zufolge muss der Islam zu den „ursprünglichen Wahrheiten" zurückfinden, da die Muslime sich vorgeblich von den „ursprünglichen Wahrheiten" der ersten drei Generationen vollends entfernt haben.[35] Muslime müssen ihre Angelegenheiten vor einer islamischen *shura* (inner-islamische Beratung) und nicht vor einem säkularen Gericht behandeln. Die inner-islamische Beratung ist die eigentliche Institution des islamischen Staates (42,38), die dem Mehrheitsprinzip folgt. Allerdings muss eine einmal von der Mehrheit gefasste Entscheidung bedingungslos auch von der Minderheit getragen werden. Im Einzelnen existieren in einem islamischen Staat *fünf* Gewalten. Die ausführende Gewalt obliegt dem Herrscher (1). Der Herrscher ist der Kalif (sunnitische Version) oder der Imam (schiitische Version). Die gesetzgebende Gewalt ist geteilt zwischen dem Kalifen als „Herrscher" und der Institution *shura* (2). Die richterliche Gewalt wird ausgeübt von der vom Herrscher ernannten Richterschaft (3). Diese Richterschaft ist

---

[33] Richard Bonney: "The Indonesian writer Munawir Syadzali, who has written a study on Islam and the administration of the state (1990), argues that since the Constitution of Medina did not mention Islam as the religion of the state, the Prophet did not actually call for the establishment of a theocratic state in which Islam would serve as its sole basis", Jihad from Quran to bin Laden, London 2004, S. 43.

[34] There is no doubt that the prophet wanted Muslims to establish a political order on earth for the sake of creating an egalitarian and just moral social order. Jihad is the instrument for doing so, Richard Bonney, aaO., S. 12 f

[35] "Therefore, until Muslims return to what inspired the first Muslims, there can be no salvation" see Richard Mitchell, The Society of the Muslim Brothers, Oxford University Press, 1993, S. 234.

zuständig für die Anwendung der *Scharia,* der Gottesgesetzgebung. Die Finanzgewalt obliegt wiederum dem Herrscher (4). Dieser ist jedoch der Gemeinschaft gegenüber verantwortlich, aber er muss den „Willen Gottes" gemäß Koran und Sunna vollziehen. Die Gewalt- und die „Reformkontrolle" ist Sache der Gemeinschaft in der Hand der *shura* (5).

Dieser islamische Staat ist den benannten Islamisten zufolge keine Theokratie, weil die Autorität des Herrschers von der islamischen Gemeinschaft kommt. Er ist auch keine Diktatur, weil die islamische Gemeinschaft den Souverän jederzeit absetzen kann, wenn er der *Scharia* nicht folgt. Er ist auch keine Monarchie, weil die Stellung des Herrschers nicht erblich ist.[36] Vielmehr bilden der islamische Staat und der Islam als Religion eine Einheit. Es gilt also die Formel der „Islam ist Staat und Religion."[37]

Diesem Konzept zufolge muss die Richterschaft die islamische Rechtsordnung anwenden, was auf eine Theokratie hinweist. Dies gilt auch für die Finanzgewalt und deren Anwendung. Folglich kämpfen die militanten Islamisten für ein „Gottesreich". Doch vertreten anders als moderne Islamisten gewisse Islamwissenschaftler die Ansicht, dass die Formel „Islam ist Staat und Religion" *(al-islam din wa dawla)* weder im Koran noch in den islamischen Quellen stehe.[38] Es seien nur die Vordenker und „die laienhaften Islamisten," die diese Formel seit dem 19. bzw. 20. Jahrhundert propagieren und zum Ur-Islam zurückkehren wollten. Tatsächlich steht diese Formel nicht explizit im Koran. Dies gilt auch für den Begriff „Staat."[39] Gleichwohl lässt sich die Formel sakralrechtlich aus vielen Versen des Koran und der *Sunna* des Propheten ableiten.[40] Dafür ist der Prophet Mohammed, der die Judikative, Exekutive und Legislative in der früh-islamischen Phase in Medina in seiner Person verkörperte, das in Anspruch genommene Beispiel.

Indes mag man zu einer anderen Einschätzung gelangen, wenn man an der Existenz des Propheten zweifelt, also der Auffassung ist, dass es ihn überhaupt nicht gegeben hat. In diesem Fall hat es weder Mohammed noch den „Staat Medina" und erst recht nicht den

---

[36] Vgl. Richard Mitchell, aaO., S. 248f.

[37] *Hasan al-Bana* argued: "Islam does not recognize the conflict which occurred in Europe between the spiritual and temporal powers between the Church and the state," Richard Mitchell, aaO., S. 244.

[38] „Die Islamisten seien absolute Laien," so Bassam Tibi, aaO., S. 9. „The warriors of the... jihad are often young people who... begin with little knowledge of their religion's holy texts," vgl. Michael Bonner, aaO., S. 164.

[39] Vgl. Bassa Tibi, Kreuzzug, S. 249.

[40] Vgl. z. B. 4, 59; 42, 38; 33, 21.

„erhabenen Koran" gegeben.[41] Doch sind die Vertreter dieser Mindermeinung für diese These bislang einen schlüssigen Beweis schuldig geblieben.[42]

Hat es denn wirklich einen reinen islamischen Staat, den die Islamisten anstreben, überhaupt gegeben? Wie dargelegt, hat es den Propheten in der idealisierten bzw. überlieferten Form nicht gegeben, anders jedoch den Koran sowie die Sprüche und Handlungen des Propheten, die *Sunna*. Dies gilt auch für den „Stadtstaat Medina". Doch eine einheitliche schriftlich gesicherte Variante des Koran hat es ebenfalls nicht gegeben. Freilich hat eine immer größere Zahl von Menschen daran geglaubt und auch ihr Leben im Wesentlichen danach ausgerichtet. Trotzdem hat es die Bezeichnung „islamischer Staat" vor dem 20. Jahrhundert nicht gegeben.[43] Gleichwohl existierte Jahrhundert lang eine islamische Tradition des Kalifats, also eine Regierungsform, bei der die weltliche und geistliche Führerschaft in der Person des Kalifen, des Nachfolgers des Propheten, vereint waren.

Dennoch darf nicht übersehen werden, dass die Muslime in der Zeit des Kalifats in einem sozialen Kollektiv lebten und handelten; sie agierten jeweils in der sozialen Gruppe, der sie gerade angehörten. Der frühere Islam war also in Wirklichkeit eine „islamische Föderation der Stämme." Das allumfassende, praxisfremde islamische Gemeinschaftsverständnis (*umma*) der modernen Islamisten, das den Staat, die Religion und seine Gemeinschaft, bestehend aus allen Muslimen der Welt, umfasst, war noch nicht gemeint. So haben der frühere Islam und seine Kalifen nicht vermocht, die Stammesloyalitäten unter Muslimen ganz zu überwinden. Die Stämme hatten ihre eigenen Moscheen, und die in Stämmen organisierten Muslime wollten nicht hinter jedem Anführer das Gebet verrichten, mit dem sie politisch und theologisch nicht übereinstimmten.[44] Jeder mulimische Clan war theoretisch unabhängig und hatte das Recht, seine eigenen Entscheidungen zu treffen. Der „Staat Medina" war ein sehr kleines Gemeinwesen. Demgegenüber wird die Zahl der Muslime in der Gegenwart auf 1,3 bis 1,5 Milliarden Menschen geschätzt. Ein alle Muslime umfassender islamischer Staat würde geographisch bereits weite Teile der Welt umfassen. Ein solcher Staat kann also nicht

---

[41] "Also, wenn es den Propheten nicht gegeben hat, dann gibt es den Koran nicht. Und wenn es den Koran nicht gibt – was bleibt übrig?", fragt Kizilkaya, http://de.qantara.de/webcom/show_article.php/_c-469/_nr-926/i.html

[42] Diese Ansicht wird namentlich von Sven Kalisch vertreten, siehe http://www.pi-news.net/2008/09/des-kaisers-neue-kleider-in-koeln/

[43] Vgl. Richard Bonney, aaO., S. 32.

[44] Bassam Tibi, Fundamentalismus im Islam, S. 19 f., 61.

mehr allein nach den Prinzipien der ur-islamischen Beratung, genannt *shura,* regiert werden. So gibt es gegenwärtig 57 Staaten der Organisation der Islamischen Konferenz. Keiner dieser Staaten wird von Muslimen allein bewohnt. Generell haben alle diese Staaten jeweils verschiedene Traditionen und Ethnien. Ein gesamtislamischer Staat lässt sich auf absehbare Zeit kaum realisieren. Allerdings geht es den modernen Islamisten bei dem Versuch, einen islamischen Staat aufzubauen, nicht allein darum, alle Muslime nur unter einem Dach zu vereinen, sondern die gesamte Menschheit unter die „Herrschaft des Islam" (Dar al-Islam) zu bringen.

Es kann angenommen werden, dass die Vordenker des Islamismus (vgl. IV) ebenso wie die Islamisten heute die Komplexität der Moderne und ihrer Gesellschaften verkannt haben. Nirgendwo ist islamisches Recht, die Scharia, in purer Form verwirklicht.[45] Dies gilt sowohl für Iran als auch für Saudi-Arabien. Zudem wird prinzipiell eine religiöse Weltanschauung als Staats- und Regierungsform dem Wesen der modernen Gesellschaften nicht bzw. nicht mehr gerecht.[46] In den wenigen Staaten, in denen die *Scharia* noch hauptsächlich oder nur teilweise als staatliche Rechtsgrundlage gilt, gibt es grundlegende Kollisionen mit modernen Menschenrechten, insbesondere mit der Gleichberechtigung der Geschlechter und der Religionsfreiheit (z.B. Apostasie-Verbot) oder dem Recht auf Bildung und Ausübung einer parlamentarischen Opposition. So würden in einem islamischen Staat vor allem Homosexuelle, Atheisten, Säkularisten, „Götzendiener" bzw. Ungläubige und Nationalisten eliminiert werden müssen. Ganz abgesehen davon haben selbst die vielen islamistischen Bewegungen zwar gemeinsame Merkmale, aber keine einheitliche politische Strategie. Ihre politischen Programme sind unterschiedlich, und sie spiegeln unterschiedliche Interessen wider. Es existieren verschiedene Gruppen und Gruppierungen.[47] Einige befürworten die Wiedereinführung des sunnitischen Kalifats, andere wollen eine Theokratie nach iranisch-schiitischem Vorbild (*hakimiyat Allah*). In beiden Fällen wären Frauen und Männer nicht gleichberechtigt; die Menschen würden in Rechtgläubige (Muslime), „Schriftbesitzer" und „Ungläubige" eingeteilt, und der Grundsatz der Trennung von Staat und Religion sowie die

---

[45] Dies gilt allerdings für jede gesellschaftsbezogene Ideologie, so auch für Sozialismus/Kommunismus, vor allem aber für den Kapitalismus.

[46] Einige Islamisten bevorzugen ein Modell, in dem nicht das Volk der Souverän ist, sondern Gott. Andere dulden allgemeine Wahlen mit Mehrheitsentscheidungen wie z. B im Iran.

[47]   Vergleiche   zu   Verschiedenheit   islamischer   Organisationen
http://www.verfassungsschutz.brandenburg.de/sixcms/media.php/4055/Islamistische%20Extremisten%20
%2030_09_09%20web.pdf

modernen Menschenrechte wären preisgegeben (vgl. Anhang). Selbst monotheistische Religionen könnten dann nicht nebeneinander und gleichberechtigt koexistieren[48], weil der Islam den zwingenden Vorrang vor allen anderen Gemeinschaften beansprucht. So findet tendenziell in allen islamischen Staaten, vor allem in den Staaten des Nahen Ostens eine Homogenisierung zugunsten des Islam statt. Von Ausnahmen abgesehen legen selbst ihre Verfassungen davon Zeugnis ab, was aber des Umfangs wegen hier nicht weiter untersucht werden kann.

Nach dem Dargelegten ist davon auszugehen, dass die koranischen Vorschriften die Gründung eines „Islamischen Staates" – wenn auch unzureichend – nahelegen. Es ist aber gleichwohl gezeigt worden, dass es gewichtige Zweifel daran gibt, ob ein „islamischer Staat" den geschichtlichen Entwicklungen und den Veränderungen der modernen „islamischen Welt" heute noch Rechnung zu tragen vermöchte.

Das Mittel, das die „militanten Islamisten" zur Erreichung ihrer religiös-politischen Ziele einsetzen, ist der *Jihad*. Gegenwärtig führen die militanten Islamisten vor allem im Nahen Osten *Jihad*. So haben sie bereits im Irak und in Syrien große Teile unter ihre Herrschaft bringen können. Dieser *Jihad* ist Bestandteil des Koran und der Sunna. Wie genau oder ungenau ist jedoch der *Jihad* in diesen islamischen Hauptquellen geregelt? Gegen wen richtet sich der *Jihad* und wie verbindlich ist er? In welchem Zusammenhang ist der *Jihad* entstanden? Stellt er eine allgemeine religiöse Pflicht für alle Muslime oder nur eine Verpflichtung für einzelne Muslime dar? Ist er auch auf „Schriftbesitzer" (Juden und Christen) *de jure* anwendbar? Wie wichtig ist dann in diesem Zusammenhang der Unterschied zwischen „legalen" und „militanten Islamisten"?

G. Der *Jihad* als Mittel zur Einführung der *Scharia*

1. *Begriffliche Klärung des* Jihad

Der islamische *Jihad* hat mehrere Bedeutungen. Der spirituelle *Jihad,* also der Einsatz für den bedingungslosen Dienst an Gott, soll die menschliche Schwäche überwinden helfen und so die Verbreitung des Islam sicherstellen. In diesem Sinne kann der *Jihad* auch durch eine friedliche Mission (Da'wa) erfolgen. Diese Form von *Jihad* wird vielfach auch der „große *Jihad*" genannt, er spielt aber bei den militanten Islamisten keine Rolle, diese konzentrieren sich hauptsächlich auf den kriegerischen „kleinen *Jihad*". Im Allgemeinen bedeutet er aber Kampf gegen die Ungläubigen, bis sie sich Allah uneingeschränkt hingeben. Doch darf er nur für die „Sache Allahs" geführt werden, weswegen im Koran vielfach vom „Kampf in Allahs

---

[48] Vgl. Ein Monster mit saudischen Wurzeln, in: Neue Zürcher Zeitung vom 04.09.2014.

Weg" die Rede ist.[49] Insgesamt ist der Begriff „Kampf" (Qital) als *Terminus technicus* 67-mal im Koran erwähnt.[50] In dieser Bedeutung kann sich jedoch der *Jihad* auch gegen alle Nichtmuslime wie Christen richten, wenn es irgendwo eine aktive Behinderung der Religionsausübung der Muslime gäbe. *De jure* darf er nur geführt werden, um alle „Ungläubige" zu bekehren oder nötigenfalls auszurotten oder die „vorgegebene theologisch-politische Zielsetzung der Islamisierung der Welt" zu erreichen. Prinzipiell ist er eine an Voraussetzungen geknüpfte Aufforderung an alle Ungläubigen,[51] zur einzigen „Religion Gottes" überzutreten und den Kampf gegen diejenigen zu führen, die den Islam nicht annehmen.[52]

Wie ist dieser *Jihad* in der Anfangsphase des Islam durch Mohammed praktiziert bzw. verstanden worden? Wie haben die späteren islamischen Imperien den *Jihad* geführt?

2. Der Jihad *in der Historie*

Der *Jihad* im dargelegten Sinne basiert von seinem Wesen her auf einer *militärischen* Ideologie. Dieser *Jihad* als (totaler) Kampf (qital) verstanden, also der „Einsatz mit dem eigenen Leben für den Sieg und die Ausbreitung des Islam gegen die Ungläubigen" (Expansion), lässt sich nur verstehen, wenn der historische Kontext, in dem er verkündet wurde, mitberücksichtigt wird.

Die „Kampf-Verse" zur Führung des *Jihad* gegen Ungläubige[53] und Nichtmuslime stammen aus der Zeit, in der der Prophet Mohammed in Medina predigte und dort persönlich Dutzende Feldzüge führte (622-632). In dieser frühen Phase des Islam ist die *Jihad*-Doktrin entwickelt worden. Eine Lehre, die nicht nur „individuelles Streben nach einem Gott gefälligen Leben bedeutet," sondern bereits begrifflich Gewaltanwendung (4,74) beinhaltet. Gerade deswegen haben die Kalifen der islamischen Imperien den *Jihad* immer wieder als „Heiligen Krieg" gegen Ungläubige bzw. vermeintliche Ungläubige deklariert. Der islamische Herrscher ist

---

[49] Siehe z. B. 2, 190, 244; 4, 74, 76; 9, 41, 111.

[50] Siehe z. B. 2, 190-193, 216-217, 244; 4, 74, 76; 8, 39; 9, 41, 111, 123.

[51] Wenn die Ungläubigen (kafirun) diese Aufforderung ablehnen, dann müssen sie von der islamischen Gemeinschaft bekämpft, vernichtet bzw. als Beute ausgeteilt werden, vgl. Adel Th. Khoury: Islam - kurz gefasst, S. 99f.

[52] Siehe z. B. Fouad Khalil, Religion und Recht am Beispiel des Dschihad im Islam als politischer Faktor (Diss.), Göttingen 2006, S. 54.

[53] Im Islam gelten die „Götzendiener" als „Ungläubige." Einerseits gelten die Ungläubigen als Gottesgeschöpfe, andererseits gelten sie als offensichtliche Feinde des Islam. Dann wiederum heißt es: "wenn Gott gewollt hätte, hätte er euch zu einer einzigen Gemeinde gemacht", siehe K. 16, 93. Der Koran enthält nicht selten inhaltlich widersprüchliche Verse.

sogar verpflichtet, mindestens einmal im Jahr einen Feldzug auf das nicht-islamische Territorium zu unternehmen.[54] So war der Islam in seiner Frühphase bis zum Jahre 750 durch *Jihad* verbreitet worden.[55] Die späteren islamischen Imperien (der *Umayaden* und das der *Osmanen*) waren reine *Jihad*-Staaten.[56] Die Osmanen (1500-1918) bezeichneten ihre Eroberungskriege explizit als *Jihad*. So führte das Reich vielfach *Jihad*-Kriege nicht nur in Europa, sondern vor allem gegen „die zu Unrecht als Ungläubige titulierten Yeziden"[57] im heutigen Irak, die im August 2014 erneut Opfer eines Völkermordes durch militante Islamisten geworden sind[58].

In diesem Sinne diente der *Jihad* der fortwährenden Erschließung neuer Ressourcen, Territorien und der Welteroberung durch Kalifen im Namen des Islam und für den Islam. Durch die geführten Kriege sollten alle Nichtmuslime durch *Jihad* dazu gezwungen werden, den Islam anzunehmen oder sich durch Zahlung einer Kopfsteuer (*jizya*) dem Islam zu unterwerfen (9,29). Eine Praxis, die von allen islamischen Kalifen befolgt wurde.

Offenbar lässt sich aus dem Wortlaut des Koran (4,75-76) und auch aus der Praxis der früheren islamischen Staaten Gewaltanwendung gegen Ungläubige als eine Verpflichtung islamrechtlich begründen. Wenn also der islamische *Jihad* sich gegen „Ungläubige" richtet, dann ist der Begriff „Ungläubige" klärungsbedürftig. Der Ausdruck „Ungläubige" ist im islamischen Kontext äußerst negativ besetzt (8, 55: „schlimmer als das Vieh"); er ist gleichzeitig ein sehr zentraler Begriff im Koran, der sich bisweilen einer eindeutigen bzw. einheitlichen Definition entzieht. Ein „Ungläubiger" ist ein *kāfir*, der sogar ein „Feind Allahs" ist (2,98) bzw. „Gott als Feind" gegen sich hat. Trotzdem werden nicht nur die nach islamischer Lehre als Ungläubige geltenden Yeziden, sondern auch die Anhänger anderer

---

[54] Vgl. André Stanisavljevic und Ralf Zwengel (Hg.): Religion und Gewalt – Der Islam nach dem 11. September, Potsdam 2002, S. 51.

[55] Bassam Tibi, Kreuzzug, S. 52, 54.

[56] Bassam Tibi, Kreuzzug, S. 62.

[57] Zu den Yeziden, vgl. Celalettin Kartal: Yeziden in Deutschland – Einwanderungsgeschichte, Veränderungen und Integrationsprobleme, in: Kritische Justiz 2007, Heft 3, 241f. (240-257).

[58] Die Jihadisten des IS (Islamischer Staat) haben im August 2014 einen Völkermord gegen Yeziden begangen. Yeziden wurden gezwungen entweder zum Islam überzutreten oder sich erschießen zu lassen. Anschließend wurden Hunderte Yeziden enthauptet oder erschossen; junge Frauen und Mädchen (ca. 300) entführt bzw. vergewaltigt. Die nicht oder noch nicht enthaupteten/erschossenen Frauen dienen den IS-Jihadisten als „Sexsklaven" (cariye), andere wurden als „Beute aus dem Krieg mit den Ungläubigen" bezeichnet und verkauft (Stand: 31.08.2014).

„gottzentrierter Religionen" – Juden und Christen – des Öfteren als „Ungläubige" betitelt, obwohl die letzteren als „Leute der Schrift" (Schriftbesitzer) generell eine höhere Wertschätzung als „Heiden" oder „Götzendiener" genießen.

Allerdings ist der *Jihad* in der ersten Zeit der Entstehung des Islam zunächst friedlich gepredigt worden. So hatte Mohammed in der ersten Zeit der Verkündigung der „Botschaft des Islam" in Mekka 13 Jahre lang „friedlich" gepredigt (16,125; 29,46). Diese „Mission" setzte er zunächst auch in Medina unbeirrbar fort. Dies änderte sich jedoch nach den ersten Auseinandersetzungen mit den medinesischen Juden, die Mohammeds Anspruch, der erwähnte Gesandte (7, 157; 6, 91) zu sein, negierten.[59] Ab diesem Zeitpunkt änderte er seine tolerante Vorgehensweise gegen *alle* Nichtmuslime und so auch die Botschaft seiner „göttlichen Mission." Während Mohammed noch in Mekka die Juden als „die Kronzeugen für die Wahrheit" bezeichnet hatte, erklärt er sie nun in Medina zu „Feinden Allahs und seines Gesandten". Spätestens mit dieser Titulierung beginnt die Phase der Umsetzung des kriegerischen *Jihad*. Die Gläubigen sollen an den Feldzügen gegen alle „Ungläubigen" teilnehmen. Mohammed nimmt an Feldzügen gegen die „polytheistischen Mekkaner" persönlich teil und wirkt bei der Exekution seiner Gegner selbst mit.[60] Es ist diese kämpferische Strategie, die ihm schließlich auch den Sieg über die in Medina lebenden Juden verschaffte sowie später in Mekka gegenüber den weiteren „Feinden des Islam" (4,121). Jede Ablehnung dieser „Kriegspolitik" wurde koranisch mit Strafe bedroht (9,39; 48,16)

Resümierend lässt sich jedoch feststellen, dass die „Gewalt rechtfertigenden Verse" des Koran in einer spezifisch historischen Phase entstanden sind, in der Mohammed auf der arabischen Halbinsel in Medina (Yathrib) den „Krieg gegen die Ungläubigen" erklärt hat. Eine Zeit, in der er sich gegenüber seinen Gegnern „kämpferisch" durchgesetzt hat. Es sind

---

[59] In Medina waren die Christen politisch unbedeutend, die Juden jedoch bildeten eine einflussreiche Kolonie. Mohammed versuchte, ihre Unterstützung für seine Mission und für seine politischen Ziele zu gewinnen, wenn auch vergeblich vgl. Khoury, Der Koran: Arabisch-Deutsch, Kommentierung zu 5, 82, S, 143. Auf Mohammeds Geheiß wurden zwei jüdische Stämme aus Medina vertrieben und an dem dritten und letzten Stamm ein blutiges Exempel statuiert. Mohammed ließ an einem einzigen Tag des Jahres 627 alle Männer dieses Stammes köpfen und deren Frauen und Kinder in die Sklaverei verkaufen. Anders als Mohammed empfanden die vorislamischen Araber die dorthin emigrierten jüdischen Stämme nicht als Bedrohung, vgl. Hamed Abdel-Samad: Der islamistische Faschismus – Eine Analyse, München 2014, S. 84.

[60] Dem wichtigsten *Hadith*-Sammler Imam *Sahih al-Bukhari* zufolge hat Mohammed persönlich den Gegnern die Hände abgeschnitten, Mohammed cut off the hands of others, in: Sahih Bukhari vol.8, p. 520.

eben diese Verse des Koran, die als zeitlich später geoffenbart gelten und daher alle entgegenstehenden sakralrechtlich aufheben mit Folgen für den Islam und die Welt.

3. *Verschiedene Verse des* Jihad

Der in der Zeit des Propheten in Medina verkündete Koran kennt inhaltlich verschiedene Verse. Es existieren Verse, die zum Kampf (*qital*) gegen die „Ungläubigen" auffordern. Die Muslime sollen in den Krieg ziehen und für ihr Leben, für ihren Glauben und für die Einheit der islamischen Gemeinschaft (2, 217) bedingungslos kämpfen. Der Endzweck des Kampfes wird erst dann erreicht und der Friede wird erst einkehren und herrschen, wenn die Ungläubigen den „perfekten Islam" annehmen (48, 16) und wenn der Islam den Sieg für immer davon trägt (vgl. 9,33; 48,28).

Nach anderen Versen ist der Kampf gegen die „Ungläubigen" nur gerechtfertigt (22,39-40), wenn dabei bestimmte Voraussetzungen eingehalten werden (2,190). Er ist stets zulässig, wenn sich die Muslime in einem „Verteidigungskrieg" gegen die Nichtmuslime befinden oder der Gegner die Muslime außerhalb des Herrschaftsbereichs des Islam unterdrückt[61] oder sich ihnen gegenüber feindselig verhält.[62] Auf keinen Fall dürfen jedoch Priester, Greise, Frauen und Kinder, die keinen Widerstand leisten, oder Unbeteiligte im Krieg umkommen,[63] was die modern-militanten Islamisten zumindest billigend in Kauf nehmen.[64]

Andere Verse sind im Hinblick auf die herrschenden Spannungen und die jeweiligen Kampfsituationen innerhalb der früh-islamischen Gemeinde in Medina verkündet worden. Mohammed warnt in diesen Versen kontinuierlich diejenigen, die unentschlossen sind oder sich nicht am „Kampf gegen die Ungläubigen" beteiligen wollen.[65] Jeder Muslim, der seine

---

[61] Nach islamischer Lehre tritt dieser Fall ein, wenn Muslime außerhalb des Herrschaftsbereichs des Islam in Gefahr geraten oder der Unglaube sich verbreitet und Muslime dort davon abgehalten werden, ihren Glauben zu praktizieren.

[62] The argument was based on the Qur'anic Text which urged Muslims not to commit aggression (2,190), vgl. Richard Bonney, aaO., S. 72

[63] „Savaş halinde bile, kilise basılmayacağı, din adamı öldürülmeyeceği, çocuk, kadın ve savaşçı olmayan vatandaşlara dokunulmayacağı, hakiki bir norm haline getirilir," http://www.hurriyet.com.tr/yazarlar/14720100.asp?yazarid=253

[64] Den Vereinten Nationen zufolge werden gegenwärtig im Irak vor allem yezidische Frauen von IS-Kämpfern vergewaltig und missbraucht (Stand: 9/2014).

[65] Siehe z. B. 3, 156, 167-8; 4, 72-74, 77, 95; 9, 38-39, 42.

Dr. Celalettin Kartal: Der militante Islamismus und seine sakralpol. Grundlagen

19

ihm auferlegte Pflicht zum Kampf gegen die Ungläubigen ignoriert oder sich am Kampf nicht beteiligt, ist dem „Fluch Allahs" (9,38-39) und seiner Bestrafung ausgesetzt.

Weitere Verse werden von „militanten Islamisten" herangezogen, um die „Ungläubigen" zu bekämpfen. „Und erschlagt sie, wo immer ihr auf sie stoßt und vertreibt sie, von wannen sie euch vertrieben..." haben (2, 191). Der Kampf ist also solange fortzusetzen, solange die Verführung, die den Muslimen vor allem durch die Ungläubigen droht, nicht vollständig aufgehört hat und alle an den Islam glauben (2,193; 8,39). Auch diese Vorschriften sind vom Wortlaut und vom historischen Kontext her nur auf einen *defensiven* Krieg anwendbar. Somit dient der „Verteidigungskrieg" aus islamrechtlicher Sicht der Sache Allahs;[66] er darf auf keinen Fall für den persönlichen Ruhm oder den Vorteil des Teilnehmers geführt werden.

4. *Die Belohnung für die Teilnahme am* Jihad

Doch wäre der *Jihad* wirkungslos, wenn er nicht mit einer Belohnung im Jenseits (4,74; 9,72) verbunden wäre. So sieht die den Koran ergänzende Sunna des Propheten für die Teilnahme am *Jihad* eine Belohnung vor, den ewigen Genuss von „Jungfrauen."[67] Tatsächlich berufen sich die militanten Islamisten darauf, um auf die Einmaligkeit des *Jihad* und seine Vorteile hinzuweisen. Von gewissen Ausnahmen[68] abgesehen haben alle Verse über Kampf (*qital*) und *Jihad* eine allgemeine Bedeutung. Geht man von dieser Bedeutung aus („bekämpft sie..." in 2,191), der Pflicht am kämpferischen *Jihad* teilzunehmen, so muss die islamische Gemeinschaft den entschlossenen Kampf gegen die dem Islam drohende Verführung führen, aber nicht der einzelne Muslim selbst.

Aus diesem Verständnis heraus ist dem einzelnen Muslim untersagt, den *Jihad* aufzugeben. Es gilt als die „größte Sünde", den *Jihad* ohne triftigen Grund zu unterlassen. So ist ein Muslim, der den *Jihad* aufgibt, der „Missachtung Gottes" preisgegeben[69] und geht in die

---

[66] Richard Bonney, aaO., S. 31. In the eyes of the Prophet it is only fighting in the way of God that is *jihad*, siehe Richard Bonney, aaO., S. 42.

[67] Richard Bonney führt dazu folgendes an: "There are nevertheless imams today, who seek to convince gullible Muslim males that the work of a suicide bomber will be rewarded with 72 black-eyed virgins in Paradise so that he needs to take practical measures to protect his genitals with additional towelling," aaO. S. 41. Nach Christoph Luxemberg, der den Koran philologisch auslegt, handelt es sich in Wirklichkeit nicht um „Jungfrauen," sondern um „weiße Weintrauben," vgl. Die syro-aramäische Lesart des Koran, Berlin 2000, siehe dort S. 237, 260-269.

[68] Ausnahmen sind die Verse, die wegen bestimmter historischer Ereignisse wie die Schlacht um *Badr* (3, 123-125) oder *Uhud* (3, 166-168) von Mohammed verkündet wurden.

[69] The Messenger of Allah said: One who died but did not fight in the way of Allah nor did he express any desire (or determination) for *Jihad* died the death of a hypocrite (Muslim Hadith 469).

Hölle. Hingegen gilt der Teilnehmer des *Jihad* als Märtyrer *(shahid)*. Der Märtyrer, der sich mit seinem Gut (Vermögen) und Blut für die Sache Allahs opfert, ist kein gewöhnlich gestorbener Mensch (3,169; 4,95).[70] Nichts lässt sich in dieser Welt dem *Jihad* gleichstellen.[71] Dem gläubigen Märtyrer ist unabhängig von seinem Erfolg der Lohn garantiert (4,74). Die Teilnahme am *Jihad* ist also der sicherste Weg, um ihm einen Platz im Paradies zu versprechen (47,4-7).

5. Voraussetzungen des Jihad

Für die Führung des *Jihad* gilt die folgende Einschränkung:[72] Auf keinen Fall darf er begonnen werden, bevor der Feind nicht ermahnt worden ist, zu bezeugen, dass es keinen anderen Gott gibt außer Allah und dass Mohammed sein letzter Gesandter ist. Denn nach dem Islam muss zunächst der Gegner die von Gott gesandte Botschaft explizit vernommen haben.[73] Sind diese Voraussetzungen nicht gegeben, so darf die Aggression nicht als *Jihad* deklariert werden.[74] Dies ist der Grund, warum der *Jihad* ursprünglich auf „Schriftbesitzer"[75] (z.B. Juden, Christen) und auch arabische Ungläubige nicht anwendbar war. Und doch wurde der *Jihad* – wie schon in Abschnitt 3 erwähnt – uneingeschränkt legitimiert, wenn er gegen die „aggressiven Feinde des Islam" deklariert wurde. Die politischen Machthaber hatten dann ein sehr leichtes Spiel, einen (begonnenen) Krieg als *Jihad* zu deklarieren.

---

[70] Mohammed wurde gefragt: "Wer ist der Beste unter den Menschen?" Der Prophet sagte: "Der Gläubige, der mit seiner Person und mit seinem Vermögen in den *Jihad* zieht."

[71] Der *Hadith*-Sammler *Sahih Muslim* (B 19 N 4314) erklärte, das Paradies liege „im Schatten der Schwerter," http://www.derprophet.info/inhalt/sunnah-hadith.htm.

[72] Weitere Einschränkungen bestehen in den heiligen Monaten, in denen der *Jihad* nicht geführt werden darf, siehe 9, 5.

[73] Kafir ve müşrik gibi müslüman olmayanlara islama girme daveti yapılır, müslümanlardan asi ve bağı olanlara ise dine bağlı kalmaları ve dinin sınırlarını aşmamalrı yönde davet yapılır, http://www.niviskar.com/1001/pik/index.html

[74] Genauso verhielt sich Osama bin Laden bevor er mit seinen Attacken „gegen den großen Satan" begann. Er forderte zuletzt am 7.9.2007 die Amerikaner dazu auf, den Islam anzunehmen.

[75] Die Ungläubigen gelten als die natürlichen Feinde des Islam (vgl. 3, 101). Hingegen haben die „Schriftbesitzer" *de jure* eine andere Stellung inne und werden im Islam nicht mit Ungläubigen gleichgesetzt. Nach den koranischen Überlieferungen gilt dennoch die Mehrheit von ihnen als Frevler und werden insofern mit den Ungläubigen gleichgesetzt (3,110; 5,59). Allerdings heißt es in 29, 46: „Streitet nicht mit dem Volk der Schrift".

6. Fälle des Jihad

Gegenwärtig kommt dem *Jihad* als politisch-militärischem Mobilisierungsinstrument gegen die Nichtmuslime eine vorrangige Bedeutung zu, wenn es darum geht, nichtmuslimische Länder oder ehemals muslimische Gebiete z. B. Kurdistan zurückzuerobern oder die mittelalterliche *Scharia* als Weltordnung einzuführen oder den Islam zu verteidigen. Somit dient er den militanten Islamisten als politische Kampf- und Heilsideologie sowohl gegen den „kolonialistisch-arroganten Westen"[76], seinen Verbündeten und seine Welt beherrschende Ideologie des Kapitalismus als auch gegen alle islamischen Länder, die jedoch – wie oben dargelegt – von den heutigen Islamisten als unislamisch eingestuft werden.

Sakralrechtlich lassen sich zwei Fälle des kriegerischen *Jihad* feststellen: der *Verteidigungsfall* und die *Expansion*. In beiden Fällen darf gegen die Ungläubigen, aber auch gegen die Nichtmuslime gekämpft werden. Allerdings kann die der Unterwerfung bzw. der Herrschaftssicherung dienende Expansion der „Schriftbesitzer„ (*ahl al-kitab*) auch als Mission erfolgen. Dies gilt jedoch nicht für Heiden und weitere Ungläubige (*kuffar*),[77] sofern sie auf ihrem Unglauben bestehen. Die nach islamischer Lesart als ungläubig geltenden Yeziden müssen sogar vorzugsweise getötet und ausgerottet werden[78], weil die Ungläubigen schlechthin in der islamischen Welt nicht geduldet werden dürfen. Abgesehen von den Ungläubigen sind auch noch die Abtrünnigen Ziel des *Jihad*s, da sie als Apostaten[79] dem Islam die Gefolgstreue aufgekündigt haben und folglich bekämpft werden müssen.

---

[76] http://home.arcor.de/yadgar/islam_abc.htm#Dschihad.

[77] Gewisse „muslimische Missionare" wollen den Begriff „kuffar" nicht mehr als „Ungläubige" verstehen, sondern als „Glaubensverweigerer". Allerdings zeigt der islamische Wissenschaftler Abdel-Samed, aaO, (S. 184) nachvollziehbar auf wie einige zum Islam konvertierte Salafisten den Begriff eigenwillig und weit auslegen.

[78] Siehe dazu beispielhaft Celalettin Kartal: DAÎŞ, Quran, komkujiya Shengalê û Êzdiyên Almanyayê, http://www.serbesti.net/forum/showentry.php?sNo=36503. Informativ, aber kontrovers der offene Brief an al-Baghdadî, dem selbsterklären Kalifen des IS, vom 19.09.2014, dort S. 11f., http://www.lettertobaghdadi.com, zuletzt aufgerufen am 28.09.2014.

[79] Nach der Rechtsschule der Hanbaliten muss der Abtrünnige sofort getötet werden, vgl. Mohamed Talbi: Religionsfreiheit – eine islamische Perspektive, in: Johannes Schwartländer, S. 65, s. dort Anm. 17. Auch aus kirchlicher Sicht der früheren Zeit galt die Apostasie als todeswürdiges Verbrechen, vgl. Johannes Schwartländer – Freiheit der Religion – Christentum und Islam unter dem Anspruch der Menschenrechte, Mainz 1993, S. 32. Zu einer abweichenden Meinung vgl. Mohamed Charfi, a.a.O., S. 101f. Bei den Juden wird der Austritt mit dem Tode bestraft, vgl. Mohamed Talbi, Religionsfreiheit – Eine muslimische Perspektive, in: Johannes Schwartländer – Freiheit der Religion – Christentum und Islam unter dem Anspruch der Menschenrechte, Mainz 1993, S. 53f.

Dennoch treten die „Legalisten" unter den Islamisten nolens volens dafür ein, die Nichtmuslime durch Zureden zum Islam zu bekehren, indem sich diese selbst nicht am *Jihad* beteiligen, aber für eine „islamistische Gottesordnung" (*Scharia*) entweder direkt oder indirekt eintreten. Hingegen reduzieren militante Islamisten den *Jihad* auf seine militärische Form und erheben ihn in den Rang einer Pflicht für jeden einzelnen Muslim. Generell gilt die Maxime: wenn der islamische Staat nicht angegriffen wird, ist der kämpferische *Jihad* Pflicht der jeweiligen islamischen Gemeinschaft; im Kriegsfall hingegen gilt der *Jihad* für alle Muslime.

Tatsächlich gibt es *de jure* keinen vorgeschriebenen Krieg im Islam außer dem *Jihad* selbst, da der Islam sich nicht als Aggressor versteht. Nach islamischem Verständnis sind es nur die Nichtmuslime, die den Krieg gegen den Islam führen. In der Praxis wurde der Verteidigungsfall von dem jeweiligen Kalifen festgestellt, der sich auf den Konsens der islamischen Gelehrten berief. Die dogmatisch-militanten Islamisten halten jedoch die Voraussetzungen des Verteidigungsfalls für gegeben. Aus ihrer Sicht kommt dem kämpferischen *Jihad* eine überragende Bedeutung zu. Der *Jihad* gilt sogar aus der Sicht vieler Rechtsgelehrten als die sechste Säule des Islam.[80] Dass jedoch der *Jihad* von einigen „Sakraljuristen" als die „sechste Säule des Islam" eingestuft wird, hängt mit einem *Hadith* (Spruch des Propheten) zusammen. Danach ist er eine Ehre, die die islamischen Gemeinschaft von Allah höchstpersönlich übertragen bekommen hat.

H. Abschließende Betrachtung

Der militante Islamismus ist ein modernes Phänomen; er ist das Surrogat fehlender Reflexion in den einzelnen islamischen Gesellschaften. Er beansprucht die Alleinherrschaft über die Auslegung des Koran und seine vielen völkerrechtswidrigen Normen. Dieses Verständnis macht das Dilemma des gegenwärtigen Islam und des Islamismus aus. Zwar erklären einzelne Vertreter der Islamverbände in der Bundesrepublik Deutschland, dass die Verbrechen des IS (Islamischer Staat) „mit dem Islam und dem Koran (...) nichts zu haben"[81], doch dieselben lehnen es ab, die veralteten Vorschriften des Koran zeitgemäß auszulegen und so den Islam als friedfertige Religion zu verstehen. Folglich ist eine breite Debatte über die militaristische Ideologie des Islam und seine „heiligen Quellen" fällig. So gerät ein Imam, der in

---

[80] Vgl. Fouad Khalil, aaO., S. 127, 145.

[81] "Die Schandtaten dieser Barbaren haben mit dem Islam, dem Koran und der muslimischen Lebensweise nichts zu tun," so Aiman Mazyek (Zentralrat der Muslime), in: http://www.daserste.de/unterhaltung/talk/menschen-bei-maischberger/sendung/26082014-angst-vor-gotteskriegern-100.html, zuletzt aufgerufen am 26.09.2014.

Deutschland, „die islamische Gerechtigkeit" lehrt, notwendig im Widerspruch zu den Normen des Grundgesetzes (siehe Anhang); ähnliches gilt für den Islamlehrer, der unreflektiert den Koran für sakrosankt erklärt. Was also tun? Um dem Missbrauch der islamischen Quellen durch Islamisten vorzubeugen, sollte der Koran wie die Bibel ständig neu „ausgelegt", d.h. auf die aktuelle Situation angewandt und aktualisiert werden (Exegese). Das im Koran enthaltene Konzept des militanten *Jihad* ist offensichtlich mit den modernen Menschenrechten nicht vereinbar[82]. Normen, Ideen und religiösen Vorschriften sind Produkte einer bestimmten Epoche und lassen sich nicht ohne ihren historischen Bezug verstehen[83]. Dies ist der Grund, warum die Bibel seit Jahrhunderten Gegenstand einer historisch-kritischen Interpretation ist, was jedoch noch nicht für den Koran gilt. Zwar hat es an Versuchen nicht gefehlt, den mehrdeutigen, widersprüchlichen, vielfach auslegungsbedürftigen, oft unverständlichen Korantext immer wieder neu zu interpretieren,[84] jedoch nicht aus einer historisch-kritischen Sichtweise[85]. Dies ist aber gleichzeitig die Ursache und Quelle der Miss-interpretation des Koran und seiner fortwährenden Instrumentalisierung durch Islamisten im Allgemeinen[86]. Denn die *Scharia* ist nicht etwa ein Gesetzbuch, indem alle Vorschriften und Verse in Stein gemeißelt sind[87]. Eine Historisierung des Koran ist geboten. Sie kann einem weiteren und unaufhörlichen Missbrauch der *Scharia* für politische Zwecke wesentlich vorbeugen helfen.

Generell werden die untersuchten Quellen des Islam verabsolutiert. In der Verabsolutierung der Dogmen liegt jedoch die eigentliche Gefahr des Missbrauchs des Islam und seiner Quellen. Ist eine historische Auslegung des Koran und der *Sunna* des Propheten eine mögliche Lösung, um die Quellen des Islam vor ihrem kontinuierlichen Missbrauch zu schützen? In der Historisierung liegt die Chance, den Koran in einem neuen Licht auszulegen sowie der einmal gefundenen „ewigen Wahrheit" eine neue, den Erfordernissen und Veränderungen der Zeit gemäße Interpretation zu geben. Schließlich muss die „endgültige Wahrheit" immer wieder im Lichte neuer Erkenntnisse betrachtet und neu ausgelegt werden.

---

[82] Celalettin Kartal: Islam und Menschenrechte, in: Kritische Justiz, 2003, S. 382 ff.

[83] All religions, philosophies, laws and ideas are the product of a particular time and place, and cannot be properly understood and judged except in the light of the circumstances in which they came into being, Richard Bonney, aaO., S. 22, 30

[84] Vgl. dazu Christoph Luxemberg, aaO., S. 22 ff, 51 f., 55 f. , 83.

[85] Informativ Good Bye Mohammed, in: http://de.wikipedia.org/wiki/Good_Bye_Mohammed.

[86] Ali Merad: Die saria - Weg zur Quelle des Lebens, in: Johannes Schwartländer – Freiheit der Religion – Christentum und Islam unter dem Anspruch der Menschenrechte, Mainz 1993, S. 392.

[87] Mathias Rohe: Westliche Fehlinterpretation, in: Tageszeitung vom 07.11.2011.

Es gibt keine abschließende Auslegung des Koran. Nicht nur die im Westen forschenden, sondern ausgewiesene „Gelehrte der islamischen Welt" selbst halten eine historisch-kritische Interpretation des Koran für überfällig. In diesem Sinne argumentiert vor allem der aus Ägypten stammende Islamwissenschaftler *Nasr Hamid Abu Zaid.*[88] Folgt man dieser an Vernunft sich orientierenden Sichtweise, muss eine Exegese und eine Historisierung des Koran zwingend vorgenommen werden.[89] Mit der Historisierung des Koran – dies zeigen auch die Befunde dieser Studie – muss vor allem an den kämpferischen *Jihad* angesetzt[90], und es müssen die einschlägigen Verse des Koran neu ausgelegt bzw. für hinfällig erklärt werden.

Eine Historisierung des Koran setzt eine rationale Auslegungsmethode voraus. Selbst eine einfache, am Wortlaut orientierte Auslegung des Koran würde bei der Auslegung des von Islamisten für ihr militantes Vorgehen herangezogenen zentralen Verses 191 in Sure 2 („Und erschlagt sie, wo immer ihr auf sie stoßt, und vertreibt sie, von wannen sie euch vertrieben,...") zu völlig anderen Ergebnissen gelangen.[91] Der Islam befand sich in seiner Entstehungsphase (622-661 n. Chr.) in einer Verteidigungsposition („von wo sie euch vertrieben haben"). Aus der Sicht seines arabischen Propheten musste der noch junge Islam militant gegen die „gegnerischen Mekkaner" verteidigt werden. In der Gegenwart hat sich das „Verhältnis Islam gegen Ungläubige" oder „Islam gegen Nichtmuslime" zugunsten des Islam erheblich verändert. Gegenwärtig gehört der Islam in allen Teilen der Welt zu den anerkannten Weltreligionen. Anders als zur Zeit des Propheten und der „vier rechtgeleiteten

---

[88] Der Koran muss im Lichte seines historischen Bezugs betrachtet und entsprechend ausgelegt werden (S. 136, 147) vgl. Nasr Hamid Abu Zaid / Hilal Sezgin, aaO; siehe auch Open Letter to Baghdadi, dort Nummer 5, in: http://www.lettertobaghdadi.com. Die Verfasser dieses Open Letter vertreten die Ansicht, dass die Gründung eines Kalifats ohne Einwilligung aller Muslime verboten sei, vgl. S. 15.

[89] Für eine historische Auslegung des Koran tritt auch der Vertreter des türkischen Präsidiums für religiöse Angelegenheiten: „O... Kuran-ı Kerim'in tefsiri her çağda o çağın ihtiyaçlarına göre yenilenir ve değişir. Böyle olunca da Kuran-ı Kerim'in yorumunda son söz söylenemez ve ... Kuran'daki bazı ayetlerin geçmiş dönemlerde yapılan yorumunun eskidiği ve günümüz toplumlarının şart ve ihtiyaçlarıyla bağdaşmadığı ...bir gerçektir," vgl. Süleyman Demirkan, http://webarsiv.hurriyet.com.tr/2004/10/07/533210.asp

[90] Der historische Hintergrund des *Jihad* wird oft übersehen, so dass der *Jihad* als Kampf (Qital) verabsolutiert wird. Muslime, die an die ewige Gültigkeit des Koran und der Sunna glauben, halten diese unabhängig von Zeit und Raum für gültig.

[91] Historisch-kritische Koranstudien, die verdeutlichen, dass nicht Gott, sondern Mohammed der Verfasser des Koran ist, werden von den Muslimen aus dogmatischen Gründen abgelehnt, vgl. Peter Antes (Hg.), in: Peter Antes, Große Religionsstifter, 2001, S. 91-114, S. 103.

Kalifen" können weder Islam noch seine Anhänger in der Gegenwart von den „Ungläubigen" ernsthaft bedroht werden. Diese Auslegung und ihr Ergebnis lassen sich auch korandogmatisch begründen. Es ist der Prophet Mohammed selbst, der während seines Aufenthalts in Medina die zuvor friedlich gepredigte Botschaft seiner Mission in Mekka und ihren Inhalt diametral ändert, um den Kampf gegen die „Ungläubigen" zu deklarieren (vgl. oben VI. 2). Und es ist dem Islam zufolge Allah selbst, der „wünscht", dass die Muslime es sich „leicht... machen" und Schwierigkeiten aus dem Weg gehen (2, 185). Im Sinne dieser zentralen Vorschrift müsste die weitere Auslegung des Koran und der Überlieferungen des Propheten vorgenommen werden.

Bisweilen wird die Auslegung im Sinne einer historisch-kritischen Methode bezüglich des Koran von den Gelehrten der islamischen Welt zum Teil mit irrationalen Argumenten abgelehnt. Der atypische muslimische Islamwissenschaftler, der für eine historische Auslegung der „heiligen Quellen" eintritt, geht vor allem in den islamischen Ländern „lebensbedrohliche Risiken" ein, weil dies bisweilen den Vorwurf des Unglaubens und die Gefahr seiner Ermordung mit sich bringen kann.[92] Trotzdem gibt es inzwischen einige islamische Gelehrte (Islamwissenschaftler), die aus unterschiedlichen Motiven den Koran und die *Sunna* des Propheten historisch-kritisch auszulegen versuchen.[93] Doch diese wenigen Gelehrten leben vornehmlich im Westen oder mussten sich zum Teil in die „westliche Welt" flüchten.

Man sollte jedoch nicht übersehen, dass der militante Islamismus sich zwar auf die „heiligen Quellen des Islam" beruft und jede militärische Aktion damit begründet. Er hat seine Basis sowohl in den islamischen Gesellschaften als auch in der westlichen Diaspora bei den Massen von muslimischen Jugendlichen, die ihre Erziehung in den Schulen und Universitäten erfahren und wegen Fehlens zeitgemäßer Bildung für islamistische Ideologien anfällig sind. So haben sich 2000 militante Islamisten aus den Staaten der Europäischen Union dem *Jihad*

---

[92] Vgl. Bassam Tibi, Kreuzzug, S. 78.

[93] Zu diesen gehören Abu Zaid (Ägypten, verstorben), Mohsen Kadivar (Iran), Ömer Özsoy (Türkei), Mohammed Sven Khalisch (Deutschland), Mehmet Paçaci (Türkei) siehe http://de.qantara.de/webcom/show_article.php/_c-469/_nr-900/i.html

in Syrien angeschlossen[94] (28.08.2014). Der deutsche Verfassungsschutz geht für die Bundesrepublik von bis zu 40.000 radikalen Islamisten aus.

Folglich haben Lehren des militanten Islamismus und seine Dogmen zum Teil militaristische Auswirkungen auch auf Muslime innerhalb der „westlichen Welt". Studien in der Bundesrepublik Deutschland zeigen, dass der Islam in der Diaspora eine Romantisierung erfährt und stärker identitätsbildend wirkt. In der Migrationssituation findet nicht selten eine strikt an religiösen Geboten orientierte islamische Erziehung statt. So hat die Religiosität unter muslimischen Jugendlichen in Deutschland zugenommen. Vonnöten ist also eine nachhaltige und rationale Auseinandersetzung der Muslime mit den vorgestellten Quellen des Islam.[95] Diese Auseinandersetzung mit den Quellen kann vor allem in den Schulen durch „interkulturelle Pädagogen" erfolgen. So hat die auf der Aufklärung basierende säkulare Bildung vermocht, das religiöse Rollenverständnis zwischen dem Mann als Oberhaupt der Familie und der Frau als Hausfrau im Islam (vgl. 4, 34) ins Wanken zu bringen. Eine solche auf Aufklärung basierende Forschung wäre grundlegend für die Führung des notwendigen Dialogs zwischen den Moscheen und den Kirchen, zwischen den säkular-westlichen Islamforschern und den *ulama*, den „Schriftgelehrten des Islam".

II. Gesamtergebnis

Der Begriff Islam bedeutet „Friedenmachen", doch die militanten Islamisten haben den beschriebenen *Jihad* institutionalisiert. Sie, die militanten Islamisten, nehmen den Propheten und die „vier rechtgeleiteten ersten Kalifen" zum Vorbild und legen den Koran wörtlich aus[96]. Sie predigen und praktizieren eine mediävale Ideologie; eine menschenrechtswidrige Ideologie. Rechtsgrundsätze, die sie zuerst islamischen Gesellschaften und später auch der ganzen Welt aufzwingen wollen. *Deshalb* greifen sie in ihrer Ideologie auf Vorschriften und Prinzipien zurück, die im 7. Jahrhundert konzipiert wurden. Somit gilt der *Jihad* den

---

[94] Vgl. Hamed Abdel-Samad, S. 180. Allein aus Großbritannien und der Bundesrepublik Deutschland sollen ca. 1000 Kämpfer sich dem IS angeschlossen haben. Mehr als 200 militante Islamisten mit britischer Staatsbürgerschaft sollen aus Syrien oder aus dem Irak nach Großbritannien zurückgekehrt sein.

[95] Frau *Armina Omerika* erklärt in einem Interview mit *Sabine am Orde*: „...Kinder und Jugendliche müssen von klein auf lernen, kritisch mit der Religion umzugehen, ohne dass gleich der Abfall vom Glauben droht," http://www.taz.de/1/politik/deutschland/artikel/1/es-ist-nicht-gott-gewollt-zu-leiden/

[96] Dazu lesenswert Leon de Winter: Islamischer Staat, in: http://www.welt.de/debatte/kommentare/article132118191/Die-Moerder-des-IS-nehmen-Mohammed-eben-woertlich.html, zuletzt aufgerufen am 22.09.2014.

Islamisten als Mittel zur Verteidigung, Verbreitung und Herrschaftssicherung des Islam. Ihre propagierte *Jihad*-Lehre ist Teil des islamischen Erziehungssystems. Im Verteidigungskrieg gilt der *Jihad* als eine den Muslimen auferlegte Pflicht. Der offiziellen Lesart nach richtet sich die Botschaft des Koran an die gesamte Menschheit. Diese Verpflichtung bleibt so lange bestehen, bis die gesamte Welt entweder den Islam als Glauben angenommen hat oder sich unter dem Herrschaftseinfluss eines islamischen Staates befindet.

Die „Verse des Koran" zum kämpferischen *Jihad* sind in einer spezifisch historischen Phase entstanden. Die dargelegte Idealisierung der Zeit des Propheten und der „vier rechtgeleiteten Kalifen" ist mit zahlreichen Mythen behaftet. In Wirklichkeit existiert die „goldene Zeit des Islam" nur in der Vorstellungswelt der Islamisten. Dies führt *de facto* zur Verklärung und Konservierung der Dogmen, aber nicht zur Aufklärung oder Brückenbildung in die säkulare Welt.

Die militanten Islamisten reklamieren offen den Expansionsanspruch des Islam. Es ist unwahrscheinlich, militante Islamisten von ihren ideologischen Zielen, der Führung des *Jihad*, abzubringen. Der Islamismus lässt sich von der Ideologie des Islam als Religion nicht trennen, denn auch der militante Islamismus (Jihadismus) schöpft seine poltisch-theologische Geisteshaltung aus dem Islam und seinen sakralen Quellen. Der Islam als Religion weist jedoch in der Praxis verschiedene Facetten auf, „den Islam" gibt es nicht. Gerade deswegen ist die Aufklärung der breiten Massen der Muslime in den „westlichen Staaten" hilfreich. Diese Aufklärung kann durch eine moderne reflektierende Schulbildung partiell gewährleistet werden. Mittel- und langfristig kann eine historisch-kritische Koranexegese der breiten Masse der Muslime helfen, ihre „heiligen Texte" neu und zeitgemäß zu interpretieren.

III. Anhang: Scharia und Grundgesetz (Skizze)

Scharia	Grundgesetz (Deutschland)
...gehorcht Allah und gehorchet dem Gesandten und denen, die Befehl unter euch haben, 4,59. / Ihr heißet was Rechtens ist und ihr verbietet das Unrechte...,3, 110. / ihre Angelegenheiten in Beratung untereinander erledigen, 42,38 (*shura*).	Alle Staatsgewalt geht vom Volke aus, Art. 20 Abs. 2. / Das Recht auf Bildung einer Opposition. Parlament als Volksvertretung und Gesetzgeber. Die Gesetze sind zu befolgen, wenn sie grundrechtskonform sind. / Die Ablösbarkeit der Regierung und ihre Verantwortlichkeit gegenüber der Volksvertretung / Ausschluss jeder Gewalt- und Willkürherrschaft.
2, 228 ("...doch haben die Männer den Vorrang vor ihnen..." (Frauen); 4, 11 ("...dem Knaben zweier Mädchenanteile zu geben"); 4, 34 (Männer beschützen und versorgen Frauen „weil sie (also Männer) von ihrem Geld auslegen"). Einteilung in „Schriftbesitzer" und „Ungläubige".	Alle Menschen sind vor dem Gesetz gleich, Art. Art. 3 Abs. 1 GG / Chancengleichheit.
5, 38 (schneidet ihnen ihre Hände ab); 24, 2 (Die Hure und den Hurer, geißelt jeden von ihnen mit hundert Hieben); 9, 5 (so erschlaget die Götzendiener (Ungläubige).	Folter ist abgeschafft, Art. 102 GG.
33, 36 (nicht geziemt es einem gläubigen Mann oder Weib, wenn Allah und seine Gesandter eine Sache entschieden hat, die Wahl in ihrer Angelegenheit zu haben).	Recht auf individuelle Selbstbestimmung. Recht auf persönliche Selbstentwicklung, Art. 2 Abs. 1 GG.

Dr. Celalettin Kartal: Der militante Islamismus und seine sakralpol. Grundlagen

29

Kritik ist prinzipiell nicht erlaubt. Der Koran gilt als authentisches Wort Gottes.	Kritik ist grundsätzlich erlaubt, Art. 5 Abs. 1. Ausnahmen existieren.
9,29 (bis sie (die Schriftbesitzer) den Tribut aus der Hand gedemütigt entrichten); 3,110 (aber die Mehrzahl von ihnen sind Frevler); 5,51 (O ihr, die ihr glaubt, nehmt euch nicht die Juden und Christen zu Freunden). Eingeschränkte Religionsfreiheit bzw. keine Religionsfreiheit.	Diskriminierung oder Ungleichbehandlung wegen Religionszugehörigkeit oder Geschlecht ist nicht erlaubt, siehe Art. 3 Abs. 3 GG (Diskriminierungsverbot) / Säkularismus.
Vielehe ist grundsätzlich erlaubt, die Männer sind jedoch gehalten ihre Frauen gleich zu behandeln, 4,3; 4,129.	Es besteht die Einehe. Vielehe ist abgeschafft. Gleichbehandlung der Geschlechter.
3, 19 (Allah akzeptiert nur eine Religion – den Islam). Es sei kein Zwang im Glauben, 2, 256. Wer seine Religion wechselt, den sollt ihr töten (Hadith).	Religionsfreiheit, Art. 4 Abs. 1. Die Todesstrafe ist in Europa abgeschafft.
Scharia (islam. Recht) ist unveränderlich und unantastbar, da Gottesrecht.	Prinzipiell kann deutsches Recht geändert werden. Es gibt jedoch Ausnahmen, Art. 79 Abs. III GG.
Keine Menschenrechte im modernen Kontext. Einteilung in Rechtgläubige (Muslime), „Schriftbesitzer" (*ahl al-kitab*) und „Ungläubige" (*kuffarun*). Spiritueller, missionarischer, aber auch kämpferischer *Jihad* mit dem Ziel der Bekehrung oder Unterwerfung der Welt.	Schutz der Menschenrechte, Art. 1 Abs. 3. Bei Verletzung der Menschenrechte steht der Rechtsweg offen, Art. 19 Abs. 4.

„Meine Gemeinde wird niemals irre gehen" (Hadith). Mohammed war Theologe, Krieger, Gesetzgeber (Sunna), Richter und politischer Führer des islamischen Gemeinwesens (Modell Medina).	Gewaltenteilung (Legislative, Judikative, Exekutive).

Dr. Celalettin Kartal: Der militante Islamismus und seine sakralpol. Grundlagen

31